LETTRE

A MONSIEUR

LE PROCUREUR-GÉNÉRAL

DE LA COUR ROYALE DE POITIERS,

PAR M. BENJAMIN-CONSTANT.

———⬥———

PARIS,

CHEZ LES MARCHANDS DE NOUVEAUTÉS.

IMPRIMERIE DE CONSTANT-CHANTPIE,
rue Sainte-Anne, n° 20.

1822.

LETTRE

A MONSIEUR

LE PROCUREUR GÉNÉRAL

DE LA COUR ROYALE DE POITIERS;

———

Monsieur le Procureur général,

Aussi long-temps que vous vous êtes borné à faire intervenir mon nom et celui de plusieurs de mes collègues dans un acte d'accusation, heureusement sans exemple, dans nos fastes judiciaires, et qui, je l'espère, pour l'honneur de la magistrature française, sera aussi sans imitateurs, j'ai pu et j'ai dû garder le silence; je l'ai pu, parce qu'il fallait que les débats prouvassent jusqu'à quel point votre acte d'accusation était, comme l'avaient dit vos apologistes, le miroir fidèle de la procédure: je l'ai dû, parce que, dans une cause où il s'agissait de la vie d'un grand nombre de citoyens, je me serais reproché d'attacher quelque importance à ce qui m'intéressait seul.

Le discours que vous avez prononcé le 5 de ce mois me permet, ou plutôt m'oblige de m'affranchir de cette réserve. Dans ce discours, vous ne vous renfermez plus dans de prétendus extraits de dépositions de témoins ou d'accusés; vous ne vous contentez plus de reproduire mon nom dans des questions, sans rapport avec le procès que vous aviez mission de diriger, mais en justification desquelles vous pouviez alléguer la latitude accordée dans les débats au ministère public. Tout en déclarant que les preuves matérielles vous manquent, vous m'accusez formellement; vous rattachez aux événemens de Saumur, en 1822, mon passage dans cette ville en 1820; vous dénaturez tous les faits; vous en citez de faux; vous invoquez des témoignages qui n'existent pas. Toute cette partie de votre discours, rédigée d'une manière affirmative et qui ne permet aucune explication, est sans vérité comme sans mesure; je dois y répondre.

Je tâcherai de le faire avec calme et sans passion.

Vous êtes, Monsieur, un si triste exemple des égaremens où la passion précipite ceux dont elle s'empare, que vous me servirez, je le pense, de préservatif, et c'est à votre violence même que je devrai ma modération.

Ce n'est pas une justification que je vous adresse. Autant je suis pénétré de respect pour les formes régulières consacrées par les lois, autant je croirais manquer à ce que je dois à mes fonctions, à mes collègues, à la chambre entière, si je descendais au rôle d'accusé, quand vous-même avez ôté à vos assertions le seul caractère qui pût les légitimer; celui d'une accusation légale. Par cela seul que vous vous êtes déclaré incompétent, vous vous êtes placé à mon égard dans la position d'un homme qui attaque sans mission, qui inculpe sans preuves, et qui n'est plus un magistrat, mais un particulier qu'on peut confondre s'il le mérite, sans s'écarter du respect que tout citoyen doit aux magistrats de son pays.

Je m'appliquerai donc surtout à mettre sous les yeux du public et sous les vôtres la route que vous avez suivie dès l'origine de cette affaire, que vous avez rendue aussi étrange qu'elle était déplorable. La France, et vous-même, au fond de votre âme, jugerez si je me trompe.

Le but de votre acte d'accusation a été de compromettre autant de membres de l'opposition que vous l'avez pu. Vous avez, en conséquence, saisi ou fait naître le plus d'occasions qu'il vous a été donné d'en créer pour reproduire leurs noms. J'en fournirai les preuves plus tard, et je montrerai comment vous avez, dans ce but, défiguré tous les faits. Ici je me borne à indiquer ce but, et à énumérer les moyens que vous pensiez avoir pour l'atteindre.

Le premier de ces moyens était la formation

d'un prétendu gouvernement provisoire, emprunté d'un contumace, source inépuisable, et où l'on peut puiser sans gêne, car on est sans crainte d'être démenti. Mais cette fable est devenue si incohérente dans les débats, par la multiplicité des noms et des variantes, en dépit de vos efforts pour y conserver un peu d'unité, que vous avez reculé sous l'évidence du ridicule. Vos propres apologistes dans la chambre des députés en avaient fait justice avant vous. Ce serait, en effet, un moyen trop facile d'incriminer des hommes que d'insérer leurs noms à leur insu sur une liste dont ils n'auraient nulle connaissance.

Vous aviez espéré plus de profit de votre second moyen ; je veux parler de la lettre que vous aviez affirmé avoir été écrite par moi à M. Goyet de la Sarthe. Ce moyen vous manque, par la raison bien simple que cette lettre n'a jamais été écrite, et n'a jamais pu l'être, puisque je n'ai appris l'événement de Saumur qu'à Paris, quand la nouvelle s'en est répandue. Vous avez cependant posé en fait que j'avais écrit cette lettre, vous l'avez posé en fait en parlant à un accusé, vous lui avez dit qu'il le savait. Monsieur le procureur-général, vous avez affirmé une chose fausse, et vous vous êtes placé dans la position dont vos défenseurs à la chambre avaient travaillé à vous tirer ; car si j'avais écrit cette lettre, si vous le saviez, si on le savait, votre devoir était de m'accuser.

Votre excuse puisée sur l'existence de deux complots, ne s'applique point ici. Selon votre assertion, j'aurais écrit la lettre à M. Goyet, lors du premier complot, j'aurais donc trempé dans le premier complot. Vous étiez compétent pour la poursuite du premier complot. Mon accusation était pour vous un devoir. Votre assertion est-elle vraie? vous avez forfait à ce devoir. Est-elle fausse, vous avez forfait à la vérité.

Il est vrai, et nous le savons de votre bouche même, que vous affirmez souvent sans preuves. Dans la séance du 2 septembre, vous dites à un témoin : *On sait que vous êtes le messager de Saumur à Paris*, et quand il vous crie : *Où sont les preuves ?—Si nous avions des preuves, répondez-vous, vous seriez accusé* ; et vous aviez dit qu'on le savait, et vous convenez qu'il n'y a point de preuves!

Il a donc fallu renoncer à l'invention d'une prétendue lettre qui jamais ne fut écrite.

Deux moyens vous restaient, M. le procureur-général, et je dois dire que le premier n'a pas été négligé par vous.

Ce premier moyen, c'était de solliciter contre moi et mes collègues, par des questions que rien n'autorisait, des dépositions d'accusés ou de témoins : c'était de répéter nos noms quand aucun des déposans ne songeait à les prononcer ; (on a, appelé cela *mettre sur la voie*, séance du 2 septembre), c'était d'inviter avec une sorte de tendresse, chaque témoin et chaque prévenu à nous faire figurer dans son récit ; c'était d'aider officieusement la mémoire de ceux qui ne nous nommaient pas, de rappeler aux réfractaires votre droit précieux de provoquer l'incarcération, c'était de faire peser sur les consciences rebelles la terreur des cachots pour rendre, sans doute, leurs témoignages plus véridiques.

Je vous rends justice, M. le procureur-général, vous avez fait dans ce genre tout ce que vous pouviez ; insistance, espoir, frayeur, insinuations de faveurs et de supplices, rien n'a manqué. Ce n'est pas votre faute si tant d'adresse n'a rien produit.

Enfin vous aviez un dernier moyen, et vous y comptiez beaucoup, sans doute. M. Grandménil, à l'existence duquel, ne l'ayant vu de ma vie, je n'ai ajouté foi, que depuis que j'ai vu dans les débats que des accusés la certifiaient, M. Grandménil était contumace ; un contumace est une chose précieuse, aussi vous aviez rédigé la partie de l'accusation qui se rapporte aux propos de ce contumace avec un soin tout particulier.

« Il résulte des discours de Grandménil,

» aviez-vous dit, qu'il a été présenté à MM. Laf-
» fitte, Benjamin Constant, Foy et Lafayette;
» qu'il s'en est fait reconnaître à l'aide de cartes
» de Carbonari, qu'il les a vus séparément et
» réunis, etc. »

Ainsi, par l'arrangement d'une seule phrase,
vous aviez fait, non seulement qu'il résultait
des discours du contumace qu'il avait dit telle
chose, mais que telle chose avait eu lieu. Vous
aviez transformé le propos en fait, et selon votre usage, vous aviez affirmé, sauf, probable-
ment, selon votre usage, à convenir, s'il le
faut, qu'il n'y a point de preuves.

Ce moyen promettait quelque chose, j'en
conviens, car vous aviez annoncé qu'un témoin
que vous teniez en réserve, et nourrissiez dans
l'ombre, avait entendu ces propos, et les certi-
fierait quand vous le voudriez. Je pourrais ajou-
ter, comme vous le voudriez, car ne traitez-
vous pas de faux témoins, ne menacez-vous pas
de la prison ceux dont la mémoire indocile ne
se souvient pas de ce que vous leur ordonnez
de déclarer?

Si de plus, comme les débats semblent l'an-
noncer, ce témoin, historien du contumace, était
impliqué dans ce que vous nommez un second
complot, s'il avait à sauver sa tête ou sa liberté,
par une complaisance obséquieuse, le succès
devait paraître infaillible. On a employé en An-

gleterre de pareils moyens vers la fin de l'avant-
dernier siècle, et ils ont réussi pendant plus de
vingt ans.

Cependant, votre confiance dans cette res-
source semble s'être affaiblie, et je le conçois,
quand je sais par ce qui m'est personnel qu'il
n'y a pas un des mots attribués au contumace
qui ne soit un mensonge, et il en est sûrement
de même pour d'autres. Aussi, que de déraison
dans ces propos ! Que d'évidentes impostures !
Quels signalemens ! Quelles contradictions !
Vainement pour pallier tant d'absurdités em-
barrassantes, propose-t-on de substituer le fils
au père, substitution dont une fable de Lafon-
taine a donné l'idée. L'effet est produit. L'invention des contumaces est décréditée. Les contumaces, monsieur le procureur-général, sont
des moyens usés. Toute la France sait que
dans tous les procès de conspirations, la che-
ville ouvrière est un contumace obligé.

Les choses étant telles, il faut renoncer et
à la liste du gouvernement provisoire, parce
qu'elle n'incrimine personne, et à la lettre écrite
à la Sarthe, parce qu'elle n'a pas été écrite, et
aux dépositions de témoins obstinés et d'accusés
consciencieux, qui ne déclarent que ce qu'ils
savent, et même au contumace, plus maniable
pourtant, puisque, vu son absence, on peut en
faire tout ce que l'on veut.

Quel parti prendre, M. le procureur-général? chercher dans un passé lointain, ce qu'on ne peut trouver dans un présent devenu trop clair.

Aussi, sur quoi insistez-vous dans votre discours du cinq? sur des charges toutes nouvelles, sans rapport avec le prétendu gouvernement provisoire, avec la lettre supposée, avec les dépositions suggérées, avec les propos prêtés au contumace. Les charges sont, pour M. Laffitte, par exemple, l'or déposé chez lui, et avec lequel vous affirmez (car vous affirmez toujours) qu'il soudoye des conspirateurs. Ces charges sont, pour moi, un voyage à Saumur en octobre 1820, voyage que vous rattachez à des événemens qui ont eu lieu en février 1822.

Je laisse à mon honorable collègue à repousser une attaque, dont toute la France connaît la fausseté, puisque toute la France sait quelle fut l'inébranlable et courageuse intégrité de M. Laffitte, dans les deux circonstances qui le rendirent tour à tour dépositaire des trésors du malheur et de l'exil.

Je vais vous parler, de ce qui me regarde.

Je citerai d'abord vos propres paroles.

Après avoir rappelé des discours d'autres députés, et vous être fait un mérite, de ne qualifier ces discours que d'imprudence, vous continuez ainsi :

« N'y a-t-il cependant contre eux (mes col-

» lègues et moi), que ce que j'ai appellé un
» instant des imprudences ? La ville de Saumur
» était calme, ses habitans vivaient heureux et
» soumis aux lois. Caffé, médecin instruit,
» père de famille estimable, exerçait paisible-
» ment son état. M. B. Constant se présente
» dans les murs de cette ville. Que vous ap-
» prennent le maire, le commissaire de police,
» enfin, l'autorité paternelle et administrative ?
» à peine *cet homme* arrive, que la discorde
» secoue ses torches, que la fureur révolution-
» naire transporte une partie des habitans. Dans
» l'espace de six mois, trois conspirations s'y
» ourdissent, et Caffé est sur le banc des ac-
» cusés. » et plus loin vous répétez « que cet
» accusé vivait heureux, jusqu'au jour où je
» suis venu à Saumur pour le séduire. »

Dans toutes ces phrases, monsieur, il y a
quant aux faits, fausseté matérielle, dans la dernière, il y a une imputation que je ne veux pas
qualifier : quand j'aurai rétabli la vérité, certes
la France la qualifiera suffisamment, je m'en
remets à elle. Reprenons vos paroles, monsieur le procureur général : « que vous apprend,
» le maire, » demandez-vous : vous répondez :
» à peine cet homme arrive que la discorde
» secoue ses torches : que la fureur révolution-
« naire transporte une partie des habitans. »

Vous êtes malheureux en preuves, M. le procureur-général, vous citez le maire de Saumur, et c'est précisément du maire de Saumur que j'ai en main une lettre où il rend hommage à ma conduite et désigne les auteurs véritables des désordres que vous essayez de m'attribuer.

« Monsieur, » m'écrit ce maire en date du 8 octobre 1820, à onze heures du soir, « c'est avec » beaucoup de regret que je me vois forcé de » vous entretenir des troubles qui ont eu lieu ces » deux derniers jours dans notre ville. Je me » plais à reconnaître que votre conduite et celle » des personnes qui vous ont reçu n'y ont donné » lieu en aucune manière. Mais vous savez que » des provocations et des cris que l'on attribue à » l'étourderie de quelques jeunes gens de l'é- » cole d'équitation, ont été poussés hier soir sous » vos fenêtres, etc. » *Signé* le maire de Saumur, N. H MAYAUD. Le reste de la lettre a trait au banquet qui devait avoir lieu le lendemain.

Ainsi, le maire de Saumur déclare que rien dans ma conduite, ni dans celle des personnes qui m'ont reçu, n'a donné lieu aux troubles qui se sont manifestés. Il fait plus, il désigne les véritables auteurs de ces troubles. Il constate que ces troubles étaient dirigés contre moi, et avaient commencé par des provocations et des cris poussés sous mes fenêtres. Il atteste que ces troubles ont commencé le soir même de mon arrivée, avant que j'eusse vu qui que ce fût à Saumur; et en effet j'étais arrivé à trois ou quatre heures, je n'étais plus ressorti, et quand les cris furent poussés, j'étais à dîner avec mes hôtes et quelques personnes, au nombre desquelles étaient des magistrats de la ville.

Voilà ce que M. le maire de Saumur atteste: et vous, M. le procureur-général, vous osez m'attribuer ces troubles dirigés contre moi, je le répète, ces troubles auxquels l'autorité paternelle et administrative, pour me servir de vos expressions, a solennellement déclaré que j'étais parfaitement étranger. Vous appellez ces troubles révolutionnaires; et le maire atteste que les auteurs de ces troubles étaient de jeunes gens connus, vous le savez, par une exaltation contre-révolutionnaire.

Direz-vous qu'en parlant du maire de Saumur vous n'avez pas parlé de celui de 1820, mais du maire actuel? Mais alors ce dernier n'était pas en 1820 l'autorité paternelle et administrative. Pourquoi l'avez-vous désigné ainsi? pour donner plus de poids à sa déclaration? n'était-ce pas tromper la justice et outrager la vérité?

Mais voyons ce que le maire actuel a dit : je serais étonné que ses paroles justifiassent vos assertions; car on me l'a toujours représenté comme un homme très-recommandable.

Il a dit qu'il tenait du commissaire de police qu'avant ma présence à Saumur, M. Caffé ne s'était jamais mêlé d'affaires politiques. (Je prends la version du *Moniteur*, pour n'être exposé de votre part à aucune contradiction, bien qu'on ait lieu de la croire peu sûre, depuis que le *Moniteur* a mutilé à la face de toute la France, la défense du principal accusé dans ce procès. Si j'empruntais la version des journaux que je crois plus véridiques, le maire de Saumur aurait dit que jusqu'à mon arrivée, M. Caffé n'avait jamais été l'objet de la surveillance de la police, ce qui est toute autre chose, car la police, nous le savons, surveille et fait plus que surveiller des hommes irréprochables ; mais j'adopte les paroles officielles, et l'analyse approuvée par vous. C'est donc du commissaire de police que le maire déclare tenir que M. Caffé ne s'est pas mêlé d'affaires politiques avant ma présence, c'est du commissaire de police qu'il tient ce qu'il ajoute, s'il l'a ajouté, ce dont je doute fort, car aucun journal non officiel ne rapporte cette phrase, que c'est de cette époque que date ce qu'on a à lui reprocher ; l'autorité paternelle et administrative se trouve donc restreinte à la police seule. On insiste, on demande si depuis mon arrivée, M. Caffé a eu une conduite différente ? M. le maire de Saumur répond textuellement d'après le *Moniteur*. «Cela ne peut guère » être à ma connaissance ; je ne suis maire que » depuis le mois d'octobre dernier (vous saviez

» donc qu'il n'était pas maire au moment de
» mon passage). Avant cette époque, continue-
» t-il, je passais six mois de l'année à Paris, et
» les six autres à la campagne. » Voilà, Monsieur, tout ce qu'a dit le maire de Saumur,
d'après le *Moniteur*. Ainsi, ce n'est pas son opinion qu'il rapporte, c'est celle d'un commissaire de police, et dans l'opinion de ce commissaire de police, il n'y a rien de ce que vous
lui attribuez, il ne me désigne point comme
l'auteur des troubles de Saumur et en réponse à
la question relative au changement de M. Caffé
depuis mon voyage, le maire répond en oppo-
sant l'impossibilité où il est d'en juger, vu son
séjour à Paris et à la campagne.

M. le procureur-général, c'est au mépris des
faits les plus constans, des déclarations les plus
positives que vous accumulez les assertions
fausses. Vous citez le maire de Saumur sans
désigner l'époque, et le maire de 1820 n'a pas
été entendu, et le maire de 1822 n'a rien dit de
ce que vous lui prêtez. Je voudrais m'interdire
toute expression blessante ; mais apprenez-moi
de quelles paroles je puis me servir pour qualifier une telle conduite?

Oui, M. le procureur-général, il y a eu des
troubles à Saumur, à l'occasion de mon arrivée;
et savez-vous pourquoi? C'est que les hommes
qui calomnient éternellement les véritables

amis de la monarchie constitutionnelle, avaient exalté de jeunes têtes : c'est que des insinuations et des assertions pareilles aux vôtres avaient persuadé à de jeunes insensés que j'étais l'ennemi du roi constitutionnel que je respecte, et de la Charte que je défends. Ils pensaient, dans l'effervescence et la crédulité de leur âge, faire une œuvre méritoire en annonçant qu'ils se porteraient contre moi à de coupables et illégales violences.

Oui, M. le procureur-général, il y a eu des troubles à Saumur, et il y aura malheureusement des troubles, tantôt sur un point, tantôt sur un autre, aussi long-temps qu'on désignera comme des factieux les défenseurs de la liberté promise et de l'ordre établi par le roi lui-même, aussi long-temps qu'on profitera de l'inexpérience et de l'exaltation de jeunes militaires, pour leur présenter comme des coupables qu'il faut frapper, les meilleurs citoyens, les plus sincères amis de la constitution sur laquelle reposent les garanties et la tranquillité de la France. Il y aura des troubles, et les vrais coupables ne seront pas les jeunes insensés qui se croiront autorisés à exciter ces troubles en profanant le cri de *vive le roi !* Les coupables seront les hommes qui auront semé des soupçons absurdes, des inquiétudes vaines, des haines violentes contre ceux que leurs dénonciations menson-

gères peignent comme des conspirateurs. Des réquisitoires pareils au vôtre, M. le procureur-général, voilà ce qui fait naître des défiances, des troubles, des fureurs ; et, si l'un des hommes accusés par vous, et accusé, de votre aveu, sans preuves matérielles, était assassiné dans quelque ville de France, par des furieux que votre discours aurait soulevés ; ce discours aurait été le tocsin du meurtre, et le sang versé par les assassins peserait sur vous seul.

Vous continuez après ce narré plein d'assertions que j'ai démontrées fausses, vous partez de ces assertions fausses, pour arriver à la conclusion que vous aviez méditée : « Il vivait heureux, « dites-vous d'un accusé, il vivait heureux jus- « qu'au jour où B. Constant est venu pour le « séduire. »

Cet accusé, dont les qualités morales, le caractère estimable, la vertu, la bienfaisance, vous ont arraché des éloges à vous-même, cet accusé, sollicité par vous contre moi, comme tous les accusés et tous les témoins, vous a déclaré ne m'avoir vu qu'une seule fois, dans la rue, au milieu d'une foule immense.

Où l'ai-je donc séduit ? quand l'ai-je séduit ? où l'ai-je vu ? quand lui ai-je parlé ? Une affirmation aussi positive que la vôtre exige des preuves, et, s'il n'y a pas de preuves, je vous le de-

mande encore, quelle qualification mérite celui
qui s'est permis cette affirmation ?

Il n'y a pas, dites-vous, de preuves matérielles,
mais il y a des preuves morales. Qu'appelez-
vous des preuves morales, j'ai lu tout votre acte
d'accusation, toutes vos questions dans les débats,
et ce résumé qui couronne votre œuvre, qu'y ai-
je trouvé? des faits que vous avez allégués sans
les entourer de la moindre vraisemblance, des
noms que vous avez répétés sans cesse, sans pouvoir les faire répéter, ni aux accusés dont vous
éveillez les espérances, ni aux témoins sur qui vous
faisiez planer les craintes, des rapports de contumaces, seuls révélateurs de prétendus mystères
que leur absence vous laissait libre d'exploiter,
des rumeurs prises dans les libelles les plus ab-
jects, et dont l'oreille de la justice n'avait pas
encore été souillée. Voilà ce que vous appelez
des preuves morales : relisez les discours pour
la loi des suspects, et le rapport sur le gouvernement révolutionnaire : l'invention de ce que
vous nommez des preuves morales ne vous ap-
partient pas.

J'ai répondu à votre allégation et je l'ai con-
fondue.

Vous m'aviez attribué les troubles de Saumur,
et vous aviez cité le maire de cette ville. Je vous
ai prouvé par la lettre du maire lui-même que

loin d'être l'auteur des troubles, ils avaient été dirigés contre moi.

Vous aviez appelé ces troubles *révolution-naires*, je vous ai prouvé qu'ils étaient l'effet d'une exaltation contre-révolutionnaire.

Vous aviez dit que j'avais séduit un homme aux éloges duquel sa réputation et son malheur me font un devoir d'applaudir. Cet homme re-commandable et par conséquent digne de foi vous a dit qu'il ne m'avait vu qu'une fois et dans la rue.

Ainsi, tout votre échafaudage s'écroule, et en effet, ce nouveau moyen, tenté contre moi, ce rapprochement de mon passage à Saumur en octobre 1820 avec une tentative faite à la fin de 1822, vous n'aviez pas eu le loisir de les combiner. Le temps vous a manqué, vous aviez compté sur autre chose, je vous ai dit sur quoi vous aviez compté, c'est plus tard, c'est en désespoir de cause que vous avez essayé de cette dernière arme.

Mais cette arme dernière, le maire de Saumur, que vous invoquez, l'accusé à la moralité duquel vous rendez hommage l'ont brisée dans vos mains.

Maintenant, M. le procureur-général, permet-tez-moi de vous demander ce que vous espérez, pour le Roi, pour la France, et même pour vous du système funeste que vous suivez, de cet em-portement dans l'exercice de fonctions qui exi-gent par-dessus tout du calme et de l'impartialité, de cette soif de vengeance que vos moindres expressions trahissent ; de ces mouvemens, que vos panégyristes nomment oratoires , et qui décèlent une effervescence passionnée , bien peu convenable dans un magistrat.

En effet , quand vous déclarez que vous n'êtes pas compétent pour nous accuser (déclaration étrange , soit dit en passant , quand tout le reste de votre discours est une accusation fulminante). et que vous vous écriez : *Si je l'étais!* .... Je vous le demande, que signifie cette exclamation, si ce n'est le regret impatient de ne pouvoir vous précipiter à votre gré sur un assez grand nombre de têtes ? Si vous étiez compétent, que feriez-vous ? Certes, vous ne nous accuseriez pas plus impétueusement que vous ne le faites. Telle est votre ardeur, qu'incompétent que vous vous déclarez, vous usurpez les fonctions d'accusateur. Quelles sont donc celles que vous regrettez ? Je ne veux pas le dire. Tous ceux qui ont lu cette exclamation se le disent assez, et c'est en vos mains qu'est remis le pouvoir redoutable d'accuser, de dénoncer, de poursuivre !

M. le procureur-général, un zèle aveugle vous avait égaré dès vos premiers pas, dans cette déplorable carrière. Un ressentiment furieux vous a conduit d'excès en excès. Vous avez été blessé du blâme que des députés ont versé sur votre inexcusable conduite. Vous n'avez pas examiné

quels étaient ces députés. Vous n'avez pas réfléchi
qu'aucun de ceux qui ont proposé de vous man-
der à la barre, n'était du nombre des individus
attaqués par vous. Le sentiment de notre dignité
nous a fait rester en silence et impassibles. Les
hommes qui ont demandé votre accusation,
étaient désintéressés dans la question. La France
est accoutumée à admirer leur talent, à révérer
leur caractère, à approuver leur modération.
Les noms de MM. Royer-Collard, Saint-Aulaire,
Tripier, commandent le respect et la confiance ;
et c'est en parlant de tels hommes, que votre va-
nité blessée vous a dicté cette inconcevable phrase:
*Les accusations dont on a osé nous rendre l'ob-
jet.* Osé! M. le procureur-général, quel délire
vous a donc saisi ? quel oubli de la hiérarchie de
tous les pouvoirs? quel outrage gratuit à la puis-
sance représentative avec laquelle le roi lui-même
a voulu partager le droit de fixer les destinées
de la France ! *Osé*? eh quoi ! la chambre des députés peut accuser les ministres ; et quand 127 de
ses membres lui proposent d'user de ce droit
contre vous, vous vous étonnez de leur audace ?
Ce que ne dirait pas le président du conseil, car le
président du conseil respecte l'autorité de la
chambre; ce que ne dirait pas le garde des sceaux
votre chef, car il connaît nos droits constitution-
nels, vous le dites, M. le procureur-général,
quand il s'agit de vous, magistrat ·········· par

les ministres, et l'ouvrage de leur volonté.

Un tel égarement a, sous un rapport, des droits à un genre d'indulgence. Un homme tellement emporté par ses passions n'est, pour ainsi dire, plus responsable de ce qu'il fait; mais que je plains les accusés d'avoir des adversaires, et la monarchie des instrumens tels que vous!

Ne vous y trompez pas, M. le procureur-général, ni vous, ni ceux qui marchent sur la même ligne; la France réprouve votre fougue, et frémit de vos doctrines.

Elle frémit de ces preuves morales qui dispensent de preuves matérielles, de ces preuves morales, moyens révolutionnaires invoqués dans toutes les proscriptions. C'est avec des preuves morales, qu'à défaut de preuves matérielles, on a égorgé en 1793. La France frémit des ces dispositions pressurées, pour en obtenir des noms qu'on veut compromettre, de ces témoins chassés ou incarcérés quand ils déposent autrement que vous ne l'ordonnez. La France frémit de ces menaces aux avocats, censurés pour avoir recueilli le texte des déclarations faites en leur présence, et ne continuant leurs fonctions tutélaires qu'avec la perspective de la suspension.

La France frémit des atteintes portées au droit de défense, de cette limitation à trois jours pour la justification de quarante accusés, avec la dé-

claration qu'on n'accorderait pas une demi-jour-
née de plus. Ainsi, les défenseurs sont sur le lit
de Procuste, et après le terme arbitrairementit
fixé, on ne leur donnerait pas six heures, quand
la tête de ceux qu'ils défendent dépendrait d'une
explication de plus.

Je m'arrête, M. le procureur-général. Les ré-
flexions se pressent en foule autour de moi. Mais
de quelque manière que je les exprimasse, elles
ne seraient pas senties par vous, et je n'ai pas
besoin de les exprimer, pour qu'elles soient senties par toute la France.

Vous m'avez attaqué. En vous répondant, j'ai
usé d'un droit. En usant de ce droit, j'ai rempli
un devoir. J'ai montré comment vous avez voulu
m'envelopper de soupçons odieux et d'accusations perfides. On jugera par ce que vous avez
tenté contre moi, de ce que vous pouvez avoir
fait contre d'autres.

Je me suis expliqué avec franchise, sans excé-
der les bornes de la défense la plus légitime. J'ai
dû repousser une agression gratuite je l'ai pu sans
attaquer la magistrature ; car vous-même vous
êtes déclaré incompétent. Vous avez donc parlé
sans mission. C'est à l'individu sans mission,
de son propre aveu, que j'ai répondu.

Signé, BENJAMIN CONSTANT,
député de la Sarthe.

Paris, septembre 1822.

www.ingramcontent.com/pod-product-compliance
Lightning Source LLC
Chambersburg PA
CBHW060529200326
41520CB00017B/5179